하나님은 선하시다

IS GOD REALLY GOOD?

Copyright ©2017 by Bill Johnson
All right reserved.
Published by Destiny Image
P. O. Box 310, Shippensburg, PA 17257-0310
All right reserved.
Korean Translation Copyright © 2018 Tabernacle of David.

이 책의 한국어판 저작권은 다윗의 장막 미디어에 있습니다.
저작권법에 의해 한국에서 보호받는 저작물이므로 무단전재와 무단복제를 금합니다.

IS GOD
REALLY GOOD ?

하나님은 선하하십시다

빌 존슨 지음 · 김주성 옮김

다윗의장막

목차

　　　　서론 … 9
제1장　위기의 시간에 하나님의 선하심에
　　　　초점 맞추기 … 13
제2장　고통 중에 있는 사람들이 하나님의
　　　　선하심을 보게 돕기 … 17
제3장　구약에 나타난 하나님의 선하심 … 21
제4장　구약이 여전히 적용되나? … 24
제5장　하나님은 선하시다는 메시지에 대한
　　　　저자의 견해 … 27
제6장　은혜에 관한 비밀 … 31
제7장　하나님의 징계와 불신자 … 34
제8장　가난에 대한 하나님의 마음 … 37
제9장　치유가 일어나지 않을 때 … 41
제10장　하나님의 선하심과 소망의 힘 … 45

제11장 하나님의 영광과 하나님의 선하심 … 48

제12장 하나님의 선하심에 잠기려면 … 50

제13장 하나님의 선하심을 어떻게 믿느냐가
운명을 결정한다 … 55

제14장 예수님과의 친밀함 … 58

제15장 당신의 마음을 예수님을 향해 돌리라 … 61

제16장 하나님이 통제하시는가? … 64

제17장 하나님이 질병을 주시나? … 68

제18장 만일 당신의 예언이 이뤄지지 않는다면?
… 72

제19장 하나님의 선하심과 잃어버린 자들 … 75

제20장 전도, 그리고 우리가 사람을 얼마나
가치 있게 여기는가 … 78

제21장 창조에 나타난 하나님의 선하심 … 81
제22장 선하신 하나님 만나기 … 84
제23장 실망에 대처하기 … 89
제24장 고통 중의 하나님의 주권 … 95
제25장 그리스도인의 정치 참여 … 98
제26장 어린이들에게 고통을 어떻게 설명할 것인가
 … 102
제27장 당신이 기다리고 있는 기적 … 107
제28장 나를 조롱하는 사람들 사랑하기 … 111
제29장 가정 목회 … 114
제30장 빌 존슨이 추천하는 다섯 권의 책 … 116
제31장 믿지 않는 자녀를 위해 기도하기 … 119
제32장 하나님의 임재 모시기 … 122
제33장 마침 기도 … 125

서론

당신이 하나님의 선하심을 어떻게 믿느냐가 모든 것을 결정한다. 그것은 실로 당신의 인생행로와 결말을 결정한다. 그러나 많은 사람들은 하나님의 선하심에 대해 의문을 제기한다. 하나님이 정말 선하신가?

이 짧은 책에서 나는 《하나님은 선하시다: 그분은 당신이 생각하는 것보다 더 선하시다, God is Good: He's Better Than You Think》의 저자인 빌 존슨에게 하나님의 선하심에 관한, 대답하기 까다로운 일련의 질문들을 한다. 이 책이 당신이 가진 모든 신학적 질문에 답해줄까? 아니다. 그러나 중심을 잡도록 닻을 내려줄 것이고, 우리 모두가 하는 가장 중요한 질문에 대답해줄 것이다. 그것은 "하나님은 정말로 선하신가?"이다. 그리고 당신은 하나님이 정말로 선하심을 알게 될 것이다.

하나님의 선하심이 확립되지 않으면, 우리는 불안하게 살 수밖에 없다. 그러면 우리는 기도를 해도 권세를 가지고 하기보다 어정쩡하게 기도하게 된다. *그가 정말로 선하신가?* 우리의 삶은 이 신학적 모퉁잇돌에 대한 반응이다.

나는 빌 존슨 목사의 명언 "하나님의 선하심을 과장할 수 없다"를 좋아한다. 즉 하나님의 선하심을 아무리 말해도 지나치지 않다는 것이다. 그건 정말 사실이다. 그러나 또한 빌 목사의 그 말은 이런 의미에서도 사실이다. 즉 안타깝게도 우리는 하나님의 선하심을 때로 왜곡한다. 그래서 우리는 그 개념을 비성경적으로 만들어버린다. 대체로, 가장 유명하고 가장 중요한 진리들이 공격을 당한다. 그런 진리들에는 가짜가 생기기 마련이다. 그러나 우리가 하나님이 선하시다는 진리 하에 살면, 우리가 어떻게 기도하는가, 사람들과 어떻게 교류하는가, 갈등에 어떻게 대처하는가, 상황에 어떻게 대응하는가의 모든 것들이 극적으로 바뀐다.

   당신이 이 책을 읽고 일상생활을 할 때, 하나님의 선하심을 경험하도록 하나님이 당신을 이끌어주시기를 기도한다. 그래서 하나님의 선하심이 당신에게 단지 개념이 아니라, 경험이 되기를 바란다.

래리 스파크스
데스티니 이미지 출판사

제 1 장

위기의 시간에 하나님의 선하심에 초점 맞추기

| 질문 |

요즘 우리는 테러와 재난에 대한 소식을 너무 많이 듣는다. 그런 나쁜 뉴스를 보거나 들을 때 당신은 어떻게 반응하는가? 무엇을 하는가?

빌 존슨: 첫째로, 기도한다. 우리는 기도의 능력을 과소평가할 수 없다. 우리는 기도하되, 권세를 가지고 해야 한다. 우리는 긍휼로 기도해야 한다. 그것이 권세의 뿌리다. 우리는 하나님께 "구걸하거나" 하나님이 문제

를 일으키신 것처럼 하나님께 말하지 말아야 한다. 우리는 하나님이 그것에 대해 뭔가 하시도록 설득할 필요가 없다. 우리는 단지 권세의 자리에 서서 말해야 한다. "하나님, 우리나라에 이런 일이 일어나는 건 좋지 않아요. 나의 도시에 이런 일이 일어나는 건 좋지 않아요."

구약의 경우, 광야에서 살인사건이 일어나면, 도시까지의 거리를 측정해서, 가장 가까운 그 도시가 책임을 졌다. 그건 참 대단하다! 책임을 진다는 것은 죄책감과 수치심을 갖는 것이 아니다. 책임지는 것은 "하나님, 우리가 이것에 대한 해결책을 찾아야겠어요"라고 말하는 것이다.

이런 끔찍한 사건들이 일어나는 것을 볼 때, 첫째로, 우리는 심드렁해선 안 된다. 또한 단지 동정심으로 행동해서도 안 된다. 나는 불쌍한 마음이나 동정심으로 반응하기를 원하지 않는다. 그것으로는 충분하지 않다. 동정심은 사람을 문제 속에 그냥 놔두지만, 긍휼은 그 사람을 거기서 끌어낸다. 예수님은 긍휼하시다. 예수님이 계신 곳마다 사람들이 치유되었다. 그러므로 갈등과 위기 중에 당신의 마음을 어떻게 잠잠하게 할지 배우라.

●

우리는 아버지께 응답하기보다
마귀에게 반사적으로 행동하며 살 때가 많다.

나의 아내는 그것을 탁월하게 한다. 위기 중에 아내는 마음을 잠잠하게 하여 진정한 안식과 진정한 평화에 이른다. 때로는 그것이 불가능해 보이는 상황에서도 말이다. 열쇠는 주님과 함께하는 것이다. 마음을 잠잠하게 하고서 주님께 여쭌다. "주님, 이 상황 속에서 무엇을 하고 계세요?"

●

동정심은 사람을 문제 속에 그냥 놔두지만,
긍휼은 그 사람을 거기서 끌어낸다.

우리는 아버지께 응답하기보다 마귀에게 반사적

으로 행동하며 살 때가 많다. 그러나 예수님은 하나님 아버지께 응답하는 완전한 모범을 보여주셨다. 우리도 그렇게 하려면 아버지께서 하고 계신 것을 하고, 어떤 것에 대해 아버지의 마음을 가질 줄 알아야 한다.

어떤 때는 기도하면 주님이 매우 구체적인 방향을 주실 것이다. 그래서 심지어 하나님이 당신에게 보여주신 것을 가지고 경찰이 범인을 찾도록 도울 수도 있을 것이다. 구체적인 여러 가지 응답을 받을 수도 있다. 여하튼 요점은, 하나님께 해답이 있지만, 내가 멘붕 상태에 있는 한, 돌파와는 거리가 멀다는 것이다. 그래서 나는 안식의 자리를 찾고, 그가 무엇을 하고 계신지 발견하여 기도한다.

•

**하나님께 답이 있다.
그가 무엇을 하고 계신지 발견하여, 기도하라.**

제 2 장

고통 중에 있는 사람들이 하나님의 선하심을 보게 돕기

| 질문 |

어려운 시기를 겪고 있는 친구나 가족이 하나님의 선하심을 느끼도록 어떻게 사역하는가?

빌 존슨: 친구와 가족이 가장 어려운 사역 대상이다. 나는 사람들에게 농담으로 말한다. "알다시피, 선지자는 고향에서 존경받지 못해요." 우리는 그것을 안다. 그런 이유로 하나님께서는 우리 모두가 먼저 가정에서 어떻게 사역할지 배우게 하신다. 그래서 우리가 사

람들의 존경이나 박수갈채 없이도 사역할 줄 알도록 가르치신다. 만일 우리가 박수갈채 없이 사역할 줄 안다면, 하나님이 이제 우리에게 박수갈채를 줘도 되겠구나 하시고, 우리에게 박수갈채를 허락하신다.

가족과 친구에게 어떻게 사역해야 할까? 사역 대상들이 우리에게 익숙하다고 해서 우리가 어떻게 기도하는가가 바뀌지 않는다. 너무 익숙한 사람이라서 일반적인 경우와 다르게 기도하면, 잘못 기도하게 될 수 있다. 그 사람을 너무 잘 알기 때문에, 어떤 상황 속에서는 사역 대상자를 위해 자비를 구하며 기도하기보다 정죄하기가 쉽다. 때로 어떤 사람을 잘 알면, 그를 비난할 이유를 찾기가 쉽지만, 그를 전혀 모른다면, 우리는 자비를 구하며 기도할 것이다.

예수님이 나사렛에서 사역하실 때, 이상하게도, "그들이 믿지 않음으로 말미암아 거기서 많은 능력을 행할 수 없으셨다." 그들의 불신의 기반은 그들이 예수님을 잘 안다는 것이었다. 즉 예수님에 대한 익숙함이었다. 사람들은 예수님을 잘못 알 수 있다. 그리고 때로 우리는 우리 주변의 사람들을 잘못 알 수 있다. 우리는 그들이 하나님 안에서 누구인지 깨닫지 못한다. 그래서 하나님이 그들의 삶에 부어주신 것으로부터 유익을 얻을 기회를 완전히 놓치고 만다. 우리가 사람들에게 사역할 때도 그런 일이 일어날 수 있다. 핵심은 잘 섬기는 것이다.

●

**만일 우리가 박수갈채 없이 사역할 줄 안다면,
하나님이 우리에게 박수갈채를 허락하신다.**

나의 한 친구는 가족과의 사이가 이상하게 틀어져서 얼토당토않은 일로 비난을 받고 있었다. 그럴 때 원망을 품지 않고 견뎌낼 수 있다면, 그것을 통과하고 나서 큰 힘을 얻게 되어 가족이 그에게로 오게 될 것이고 장차 그로부터 영적 양식을 얻게 될 것이다. 우리는 계속 그들에게 신실하며 그들을 사랑해야 한다. 그러나 만일 우리 자신을 보호해야 할 필요가 있다면, 경계선을 설정하라. 우리는 사람들이 하는 말을 다 들을 필요는 없다. 우리는 사람들이 우리를 짓밟도록 허락할 필요는 없다. 우리는 경계선을 설정하여 우리 자신의 안전을 위해 경계선을 잘 지키면서도 사람들을 사랑하고 섬겨야 한다. 우리는 기회가 있을 때 기도해야 한다. 그들에게 위기가 닥치면, 그들을 위해 기도해야 한다. 그들이 허락한다면, 그들을 만나서 직접 기도하고, 만일 그렇지 않다면, 집에서 그들을 위해 기도하면 된다.

제 3 장

구약에 나타난 하나님의 선하심

| 질문 |

구약에 나타난 하나님의 선하심에 대해 좀 자세히 설명해 주겠는가? 특히 하나님이 사람들을 죽이시는 것 같고, 사람들의 불순종 등등에 대해 하나님이 벌로 저주하겠다고 위협하시는 것으로 보일 때, 우리는 하나님의 선하심을 보기가 어렵다.

빌 존슨: 하나님의 선하심에 대한 계시가 구약 전체에 있다. 사실, "주는 선하시다"라는 진술은 구약에 나

오는 말이다. 그것은 나훔 1장 7절이다. 시편에서도 얼마나 많이 하나님의 선하심에 대해 말하는가! 그런 선포가 구약 어디에나 있다. 에스겔 33장 11절에서 하나님이 말씀하신다. 하나님은 "악인이 죽는 것을 기뻐하지 않으신다." 거기서 우리는 하나님의 마음을 본다. 구약 전체에서 하나님은 죄인들의 죽음을 즐거워하지 않으신다. 하나님이 분노해서 자신을 변호하시며 사람들을 멸하시는 것이 아니다. 우리는 그런 것을 구약성경에서 찾아볼 수 없다. 우리는 다만 기도 응답이 없는 것을 본다.

●

**하나님의 선하심에 대한 계시가
구약 전체에 있다**

에스겔 22장 30절에서 "나는 무너진 성벽의 틈에 설 사람을 찾는다"고 하신다. 도시를 둘러싼 성벽에 구멍이 생겼다고 상상해보라. 그럴 때는 군인들을 무너진 틈에 세운다. 왜냐하면 적이 빈틈을 공격하기 때문이다. 성벽은 개인의 삶의 도덕성을 가리킨다. 때로 약점이나 실패로 인해 삶에 틈이 생긴다. 가족 중에 마귀의 온갖 공격에 노출된 사람들이 있다. 그럴 때 하나님은 빈틈을 막아설 사람을 찾으신다. 어떤 사람은 오히려 악을 불러들여서 사람들을 멸하게 한다. 그런 사람을 위하여 빈틈을 막아서서 간구할 사람을 하나님이 찾으신다. 하나님이 살피고 계신다. 하나님은 이렇게 말할 사람을 원하신다. "하나님, 이곳을 심판하지 마세요. 저에게 베푸신 자비를 그들에게도 베풀어주세요." 하나님은 그렇게 기도할 사람을 찾고 계신다. 하나님의 선하심이 구약 전체에 나타나 있다. 그리고 기억할 것은 예수님도 구약 시대에 오셨다는 것이다. 그러고 나서 새로운 시즌이 도래할 것이라고 선포되었다. 그것은 천사들이 나타나 말한 것이었다. "지극히 높은 곳에서는 하나님께 영광이요 땅에서는 기뻐하심을 입은 사람들 중에 평화로다." 우리는 하나님의 영광, 즉 하나님의 선하심을 드러내고 그것을 바라보자. 하나님의 선하심이 성경 어디에나 드러나 있다.

제 4 장

구약이 여전히 적용되나?

| 질문 |

당신의 책 《하나님은 선하시다: 그분은 당신이 생각하는 것보다 더 선하시다, God is Good: He's Better Than You Think》에서 당신은 무엇이 십자가 이후까지 이어지고 무엇이 십자가에서 멈췄는지 얘기했다. 구약의 어떤 면, 가령 십계명이 아직도 설 자리가 있는가? 율법의 어떤 면들이 아직도 우리 삶에 적용될 수 있는가?

빌 존슨: 십계명은 필수적이다. 우리는 자신이 은혜

아래 있다고 말하면서 간음을 저지르고 "우리는 이제 율법 아래 있지 않아"라고 말할 수 없다. 그건 어리석다. 예수님은 모든 계명을 요약하여, 먼저 하나님을 사랑하고 사람들을 우리 자신처럼 사랑하라고 하셨다 (마 22:37~40). 우리가 그렇게 하면, 다른 것들은 다 해결된다. 우리가 하나님을 섬기고, 하나님을 완전히 사랑하고, 이웃을 우리 자신처럼 사랑하면, 율법을 어기지 않을 것이다. 사람들의 삶에 도둑질, 정욕 등의 쓰레기들이 없을 것이다. 그것이 우리가 하나님이 주신 계명에 접근하는 방법이다.

●

예수님은 모든 계명을
먼저 하나님을 사랑하고
사람들을 우리 자신처럼 사랑하는 것으로 요약하셨다.

우리는 그 계명들을 잘 듣는 편이다. 우리는 정욕을 품거나, 훔치거나 등등을 하지 않는다. 그런데 십계명에서 가장 간과되는 것은 아마도 안식일 준수일 것이다. 사람들은 안식일 준수를 소홀히 하지만, 그것도 중요하다. 우리는 하나님이 말씀하신 대로 해야 한다. 하나님도 쉬셨다. 그러므로 우리도 쉬는 것이 중요할 것이다! 우리는 하루를 쉰다. 우리는 몸을 회복시키고 재충전해야 한다. 레크리에이션은 재창조(Re-create)다. 그러므로 우리가 쉼의 시간을 보호하는 것이 중요하다. 왜냐하면 그것은 우리가 일하는 시간만큼이나 필수적이기 때문이다.

제 5 장

하나님은 선하시다는
메시지에 대한 저자의 견해

| 질문 |

이 책, 《하나님은 선하시다》에 대해 나눠주기 바란다. 어떻게 이 메시지를 쓰려고 마음먹게 되었는가?

빌 존슨: 내가 책을 쓰는 방식은 책마다 다르다. 누가 어떤 책에 대한 아이디어를 제안하면, 나는 그것을 하나님 앞에 가져가서 기도한다. 그러면 하나님이 쓰라고 하시거나, 아니라고 하신다. 혹은 내 마음속에서 어떤 꿈이 생겨서 내가 그것을 쓰기 시작하면 하나님

이 거기 호흡을 불어넣어 주시는 때도 있지만, 이 책은 완전히 다르다. 내가 한 목회자 모임, 즉 기도회에 참석중일 때였다. 우리가 기도하며 우리 지역에서 일어나고 있는 일에 대해 간증하고 있었는데, 주님이 내가 책 생각이 아니라 다른 생각을 하고 있을 때 불쑥 말씀하셨다. "나는 네가 나의 선함에 대한 책을 쓰기를 바란다." 그 말씀이 나를 사로잡았다. 그건 정말 충격적이었다. 왜냐하면 내가 이 책에 대해 생각하고 있었을 때, 하나님이 그렇게 하라고 확인해주신 것이 아니었기 때문이다. 하나님이 내가 하고 있던 생각을 중단시키시고 그 주제를 내게 주셨다.

•

요컨대, 하나님의 선하심에 대한 신학적 초석이 든든하도록 배워 알아서,
해답이 없는 질문들 때문에 하나님의 선하심에 대해 흔들리는 일이 없게 하라.

그래서 나는 그것을 해야 한다는 것을 기억해두

고, 그것을 해야 할 일 목록에 넣고서, 그것에 대해 기도하기 시작했고, 정보를 모으기 시작했으며, 하나님의 선하심에 대해 최근 몇 년 동안 내게 보여주신 것을 정리하기 시작했다. 그것이 이 책을 쓴 동기다. 나는 이 주제를 사랑하고, 이 주제로 책을 쓰는 것이 좋았다. 그러나 이것은 너무 광범위한 주제라서 만일 내 생각대로 했다면, 나는 이 책을 쓰려고 너무 오래 기다렸을 것이다. 나는 현재 내가 대답할 수 있는 것보다 더 많은 질문들에 대답할 수 있을 때까지 기다리려고 했을 것이다. 그러나 하나님의 선하심에 대한 신학적 초석이 든든하도록 배워 알아서, 해답이 없는 질문들 때문에 하나님의 선하심에 대해 흔들리지 말아야 한다. 그것이 핵심이다. 중요한 것은 우리가 살면서 직면하는 질문들과 도전들이 있지만, 그것들 때문에 하나님이 이미 우리에게 보여주신 하나님의 선하심에 대해 흔들리지 말라는 것이다.

| 질문 |

하나님이 선하시다는 메시지나 책에 대해 당신이 좋아하는 면은 무엇인가?

빌 존슨: 그건 이 책을 다 썼다는 것이다! 거기에는 긴 과정이 있었다. 나는 특히 1장이 좋았다. 나는 거기서 최대한 친절하면서도 분명하게 진실을 말하려고 했다. 하나님은 선하시다는 메시지의 핵심 중 하나는 "예수 그리스도가 완전한 신학이시다"라는 것이다. 그러나 이 책의 장들 중에서 내가 좋아하는 하나를 뽑는 것은 좋아하는 자녀를 뽑는 것이나 마찬가지다. 그렇게 할 수 없다. 나는 나의 모든 자녀들을 똑같이 사랑한다.

●

예수 그리스도는 완전한 신학이시다.

제 6 장

은혜에 관한 비밀

| 질문 |

오늘 우리가 다룰 논란이 분분한 주제는 과도한 은혜(hyper-grace)라는 개념이다. 즉 사람들이 하나님의 은혜를 빙자하여 방종하게 죄를 짓는다는 것이다. 만일 어떤 사람이 "하나님이 선하시므로 나는 마음대로 살겠다"고 말한다면 어떻게 대답하겠는가?

빌 존슨: 진짜 은혜는 과도한 은혜다. 즉 지고한 사랑이고, 믿어지지 않는 사랑이다. 너무나 완전하고 너무나 영광스러운 사랑이다. 놀라운 사랑이다. 그러나 내

가 선을 긋고 "그만해요"라고 말하는 지점이 있다. 그것은 사람들이 은혜라는 주제를 이용하여, 뭐든지 자기 마음대로 해도 용서받을 거라고 하는 것이다. 누구든 그렇게 말하는 사람은 똑바로 보지 못하고 있으며, 크나큰 위험에 처해 있다. 은혜는 이렇다. 구약을 보라. 구약에서는 말한다. "간음하지 말라." 그러나 예수님은 은혜 하에서 말씀하신다. "정욕을 품지 말라." 신약이 더 어렵다. 훨씬 더 도전적이다. 구약에서는 말한다. "살인하지 말라." 예수님은 말씀하신다. "너의 형제를 욕하지 말라." 나는 사람을 죽인 적은 없지만, 욕한 적은 몇 번 있다. 무엇이 더 어려운가? 은혜다. 왜 은혜가 더 어려운가? 율법은 당신에게 요구하지만, 은혜는 당신이 할 수 있도록 능력을 부여하기 때문이다.

●

율법은 당신에게 요구하지만,
은혜는 당신이 할 수 있도록 능력을 부여한다.

율법은 우리에게 성취하라고 요구하지만, 은혜 아래서는 성령이 우리에게 능력을 부여하셔서 우리 혼자 성취할 수 없는 것을 성취하게 하신다. 은혜는 오직 예수님만 하실 수 있는 것을 우리가 할 수 있게 한다. 그러므로 과도한 은혜라고? 진짜 은혜는 과도하며, 당신을 탁월하게 한다. 은혜는 우리에게 죄를 지을 힘을 부여하지 않는다. 항상 주님께 순종하도록 우리에게 힘을 부여한다.

제 7 장

하나님의 징계와 불신자

| 질문 |

하나님이 교회를 징계해 정결하게 하셔서, 교회 밖에 부흥이 일어나게 하신다고 당신이 말한 적이 있는데, 하나님이 불신자도 징계하시나?

빌 존슨: 물론 그렇다. 그는 원하시는 무엇이든 하실 수 있다. 그는 하나님이시다. 내가 말씀을 가르치긴 하지만, 하나님은 나의 가르침에 제한되는 분이 아니시다. 나는 다만 하나님의 마음과 하나님이 어떤 분이신지를 우리가 이해하도록 도우려는 것일 뿐이다. 하

하나님은 원하시는 대로 누구든 징계하실 수 있다. 사실, 성경에는 그런 이야기가 늘 나온다. 무서운 사례는 신약의 헤롯의 경우다. 헤롯이 사람들 앞에 서서 연설할 때, 사람들이 감동을 받아서 외쳤다. "이것은 신의 소리요 사람의 소리가 아니라"(행 12:22). 그러자 하나님의 천사가 그를 죽였다. 그것은 굉장한 징계였다. 그가 하나님께 영광을 돌리지 않았기 때문에 천사가 그를 죽였던 것이다. 이 이야기를 논리적으로 살펴보자. 헤롯이 하나님께 영광을 돌리지 않았다는 것의 함축의미는 하나님이 그의 연설에 기름 부으셨기 때문에 사람들이 감동하고 그를 좋아하게 되었다는 것이다. 그것은 하나님의 선물이었다. 하나님이 그에게 큰 선물을 주셨는데, 그가 그 선물을 주신 하나님을 인정하지 않아서, 그는 값을 치르게 되었다.

나는 하나님이 불신자들을 징계하신다고 생각한다. 바로가 다른 좋은 예다. 주께서 바로에게 거듭거듭 다가가셨다. 바로가 하나님의 역사를 거절하기를 여러 번 한 후에야 하나님이 비로소 바로를 심판하셨다. 하나님의 징계는 늘 심판으로 끝난다. 하나님이 원하시는 것은 그들이 구원받는 것이다. 그러나 이것은 총체적인 답변은 아니고, 한 부분일 뿐이다.

제 8 장

가난에 대한
하나님의 마음

| 질문 |

재정적 빈곤에 대한 하나님의 마음은 무엇인가? 신자인 우리는 가난에 대항해야 하는가? 만일 그렇다면, 모든 상황 속에서 만족해야 한다는 것은 어떻게 되는가?

빌 존슨: 가난은 영적이지 않다. 천국에 있는 것만 귀하게 여기라. 저 위 천국에 무슨 결핍이 있는가? 아니, 없다.

예수님은 당신이 드린 것을
백배로 돌려주겠다고 약속하신다.

주기도문에서 "우리를… 다만 악에서 구하시옵소서"라고 한다(마 6:13). "악"이라는 단어는 "육체적 고통"을 의미하는 단어에서 나오고, 그것은 또 "가난"이라는 어원에서 나온다. 그래서 우리는 악, "죄"를 갖고, 고통, "질병"을 갖고, 가난, "빈곤"을 갖는다. 예수님의 구속의 손길은 세 영역 모두를 만지도록 되어있다. 그러므로 우리가 형통한 것이 중요하다. 성경은 "그의 종의 평안함(형통 prosperity)을 기뻐하시는 여호와"라고 말한다. 가난을 통과의례로 높여서, 가난을 통과해야 큰 믿음을 갖게 된다고 생각하는 교회 분파가 때로 있었다. 그러나 나는 그것이 잘못이라고 생각한다. 물론 많은 사람들이 번영을 추구하다가 하나님을 의지하지 않고, 하나님으로부터 독립적이거나 오만하게 되었다. 따라서 부가 늘어나면 큰 어려움이 닥칠 수 있다. 그러나 반드시 자동적으로 그렇게 되는 것은 아니다.

나는 이렇게 말하겠다. 베드로가 마가복음 10장 28절에서 예수님께 아뢰었다. "우리가 모든 것을 버리고 주를 따랐나이다." 그러자 예수님이 말씀하셨다. "맞아. 잘했어. 나는 너희가 버린 것을 갚아줄 거야. 이생에서 백배로 갚아주고 또한 천국에서 갚아줄 거야." 예수님은 우리가 버린 것을 백배로 돌려줄 것이라고 약속하신다. 이것을 잘 생각해보라. 마치 예수님이 돈을 손에 들고 말씀하시는 것 같다. "이게 보여? 이건 너를 죽일 거야. 그러나 이제 만일 네가 나를 위해 이것을 내려놓으면, 너를 죽일 이것을 내가 백배로 돌려줄게."

요점은 우리가 예수님을, 예수님만을 섬기기로 결정하면, 예수님이 우리를 신뢰하셔서 축복을 맡기신다는 것이다. "그런즉 너희는 먼저 그의 나라와 그의 의를 구하라 그리하면 이 모든 것을 너희에게 더하시리라"(마 6:33). 만일 우리가 더해질 것을 먼저 구하면, 우리는 둘 다 잃는다. 번영 자체가 영적인 것이 아니고, 가난 자체가 영적인 것이 아니다. 이것이 내 말의 핵심이다. 이것이 사람들을 가난으로부터 벗어나게 하기 위해 내가 말하고 싶은 것이다.

제 9 장

치유가 일어나지 않을 때

| 질문 |

어떤 사람을 위해 기도해줬는데 치유되지 않고 돌파가 일어나지 않아서 죄책감과 수치심을 갖던 것에서 어떻게 벗어났는지 나누어달라. 전에는 어떻게 반응했었고 지금은 어떻게 반응하는가?

빌 존슨: 전이라면 나는 사람들을 위해 기도하기를 중단했을 것이다. 누가 와서 기도해달라고 하면, 다른 사람에게 가라고 하거나 그들에게서 벗어나려고 형식적으로 간단히 기도하고 넘어갔을 것이다. 그럴 때 우

리는 실망한 나머지 '내 총에는 탄알이 없어'라고 생각한다. 우리는 그런 상황 속에서 무력해진다. 죄책감과 수치심은 우리가 초점을 맞추어야 할 하나님에게서 초점을 옮겨 우리가 초점을 맞추지 말아야 할 사람에게 초점을 맞추게 한다. 우리는 고통과 상실에 어떻게 대처할지 배워야 한다. 그것 때문에 하나님으로부터 멀어지는 것이 아니라, 하나님께로 나아가서 하나님의 임재 안에 거해야 한다. 우리의 기분이나 우리가 과거에 얼마나 잘하고 못했는지의 기록 때문에 우리의 임무를 바꾸려 하지 말아야 한다. 물론 그것은 굉장히 어렵다. 우리의 삶에서 엄청나게 큰 상실을 경험했을 때 어떻게 우리 삶에 대한 하나님의 부르심을 지킬 수 있을까? 우리는 무엇을 해야 하는가? 우리는 사람들을 위해 기도해주어야 한다.

●

**죄책감과 수치심은
우리가 초점을 맞추어야 할 분에게서 초점을 옮겨
우리가 초점을 맞추지 말아야 할 사람에게**

초점을 맞추게 한다.

 우리의 첫째 아들 에릭이 위버빌에 살던 때가 기억난다. 우리는 에릭이 숨을 잘 쉬지 못하고 있다는 전화를 받았다. 천식이 도졌던 것이다. 며느리 캔디스는 에릭의 가슴에 움직임이 거의 없는 것을 보았고, 사람들이 에릭을 급히 병원으로 이송했다. 그때는 주일 아침이었고, 아내 베니와 나는 급히 거기로 달려갔다. 우리는 기도했고, 주께서 에릭을 만져주셔서, 우리는 감사했다. 나는 2부 예배 시간에 맞추어 교회로 돌아와서, 호흡에 문제가 있는 사람들은 다 앞으로 나오라고 했다. 나는 그 문제를 끝장내고 싶었다. 우리는 문제를 찾아야 한다. 우리는 "나는 그런 기름부음이 없어요"라고 말하지 말아야 한다. 우리는 "삶이 이렇죠, 뭐"라고 말하지 말아야 한다. 그것은 삶이 아니라 죽음이다. 그것은 하나님나라에 속하지 않으며, 우리는 우리가 할 것을 해야 한다. 그러면 때로는 돌파가 일어나 하나님께 영광 돌리기도 하고, 때로는 그렇지 않다. 그럴 때 우리는 다시 기도하며 그것을 추격해야 한다. 나는 다른 방식은 모른다.

●

때로는 돌파가 일어나 하나님께 영광 돌리기도 하고,
때로는 그렇지 않다.
그러면 우리는 다시 기도하며
그것을 추격해야 한다.

제 10 장

하나님의 선하심과 소망의 힘

| 질문 |

소망이 하나님의 선하심을 이해하는 것과 어떻게 관련되는가? 하나님의 선하심에 대한 계시가 어떻게 우리의 소망에 불을 붙이는가?

빌 존슨: 하나님의 선하심을 바라보면, 소망이 충만하지 않을 수 없다. 하나님의 선하심이 우주보다 큰 것을 상상할 수 있다면, 그리고 그것의 한 부분이라도 보는 순간이 있다면, 우리는 소망을 잃는 것은 매우

어리석다고 느낄 것이다. 내 삶의 무엇이 그리도 커서 하나님의 선하심으로 감쌀 수 없고, 다스릴 수 없고, 통제할 수 없고, 영향을 미칠 수 없단 말인가?

●

**우리가 하나님의 선하심을 바라보면,
소망이 충만하지 않을 수 없다.**

나는 소망이 우리가 영향을 미쳐야 할 가장 중요한 요소의 하나라고 생각한다. 우리 교회의 한 자매님이 말하길, 가장 큰 소망을 가진 사람이 가장 큰 영향을 미칠 거라고 주님이 그녀에게 말씀하셨다고 했다. 그것이 지난 몇 년 동안 우리 교회에서 기준이 되었다. "가장 큰 소망을 가진 사람이 가장 큰 영향을 미칠 것이다." 우리가 하나님의 선하심을 바라보면, 소망을 갖지 않을 수 없다. 그러므로 만일 우리에게 소망이 없다면, 우리는 하나님의 선하심을 잘 보아야 한다. 우리는 소망에 대해 말씀하는 성경 구절을 기도하며 묵상해야 한다. 시편 27편 13절에서 말한다. "내가 산 자들의 땅에서 여호와의 선하심을 보게 될 줄 확실히 믿었도다(그러지 않았으면 내가 절망했으리라)." 우리는 소망을 품을 이유가 너무나 많다. 우리는 소망이 충만해서 남들도 소망을 갖도록 영향을 미쳐야 한다. 우리의 소망은 다른 사람들에게 파급된다. 하나님의 선하심을 계속해서 바라보는 사람은 삶에서 소망이 흘러나올 것이다.

●

**하나님의 선하심을 계속해서 바라보는 사람은
삶에서 소망이 흘러나올 것이다.**

제 11 장

하나님의 영광과 하나님의 선하심

| 질문 |

모세가 하나님의 영광을 보여 달라고 하는 이야기에서, 하나님의 영광과 하나님의 선하심이 차이가 있는가, 아니면 같은 것인가?

빌 존슨: "모세가 이르되 원하건대 주의 영광을 내게 보이소서 여호와께서 이르시되 내가 내 모든 선한 것을 네 앞으로 지나가게 하고"(출 33:18-19). 주께서 모세에게 대답하신 것을 보면, 영광과 선하심은 같은 것이

다. 이렇게 말할 수 있겠다. 그것은 동전의 양면이다. 서로 연결되어 있다. 하나님의 선하심과 영광이라는 두 가지를 분리할 수 없다. 나는 영광을 하나님의 임재의 발현으로 보아왔다. 하나님이 모세의 요청에 따라 영광을 드러내셨을 때 "그것을 네가 볼 것이다"라고 하셨다. 나는 그 두 가지를 분리할 수 있다고 생각하지 않는다. 나는 그것들이 본질적으로 하나이며, 동전의 양면이라고 생각한다.

●

하나님의 선하심과 영광이라는 두 가지를 분리할 수 없다.
그 두 가지는 동전의 양면과 같다.

제 12 장

하나님의 선하심에 잠기려면

| 질문 |

하나님의 선하심을 양식으로 먹고 하나님의 선하심에 푹 잠기려면 어떻게 해야 하는가?

빌 존슨: 하나님의 말씀이 하나님이 누구신지 계시한다. 구약의 심판과 멸망에 너무 몰두하지 말라. 구약을 읽지 말라는 것이 아니다. "구약은 신약에서 내가 맛보는 것을 위한 배경 설정이다."라는 필터를 통해 읽으라는 것이다. 그러므로 구약을 보며 감사하라. 구약을 보며 배경을 이해하라. 그렇다, 죄는 심각하다.

구약에서 그것을 보는 사람은 은혜를 핑계로 하여 죄를 지으려는 생각을 품지 않을 것이다. 구약을 읽되, 복음서에서 예수님이 누구이신가를 당신의 영적 양식으로 삼으라. 예수님이 어떤 분이신가에 대한 질문이 있다면, 복음서를 읽으라. 사도행전을 읽으라. 예수님이 상실에 대해 어떻게 반응하셨는지, 갈등에 대해 어떻게 반응하셨는지, 문제에 대해 어떻게 반응하셨는지 보라. 기도하는 마음으로 묵상하라. 이야기들을 보라. 간음하다 붙잡힌 여자를 예수님이 어떻게 대하셨는지 보라. 먼저 정죄하고 나신 다음에 용서하신 것이 아니다. "네가 얼마나 잘못했는지 알려주고 나서 그 다음에 너에게 구원이 필요함을 알려주겠다"고 하지 않으셨다. 예수님은 여자의 문제를 들추지 않으셨다. 예수님이 그 상황을 다루신 방식은 너무나 은혜로웠다.

●

죄는 심각하다.
그것을 보는 사람은

**은혜를 핑계로 죄를 지으려는 생각을
품지 않을 것이다.**

 귀신 들린 사람은 집안에 대대로 어떤 문제가 있었던 사람일 것이고, 평생 그 문제를 가졌던 사람일 것이다. 그러나 그가 예수님께 오자 예수님이 한 마디 말씀으로 그를 해방하셨다. 그러나 어처구니없는 것은 그의 동네 사람들이 그가 옷을 입고 제정신으로 돌아온 것을 보고 두려워했다는 것이다. 그가 이전 상태로부터 너무나도 극적으로 변화하자 그들은 무서웠다. 내가 보기에 그것은 하나님의 선하심이 드러나자 하나님에 대한 두려움이 생긴 것이다.

**예수님이 한 마디 말씀으로
귀신 들린 자를 해방하셨다.**

 이 이야기들을 읽으며 묵상의 예술을 배우라. 세상적 묵상은 마음을 비우는 것이지만, 성경적 묵상은 당신의 마음을 채우는 것이다. 올바른 것으로 마음을 채워야 한다. 우리들 중 얼마나 많은 사람들이 어떤 문제에 대해 걱정하며 밤을 지새워보았는가? 우리들 중 얼마나 많은 사람들이 우리를 괴롭히는 어떤 생각을 몇 시간씩 떨쳐내지 못했었던가? 그것은 우리가 묵상할 줄 안다는 것을 증명한다. 다만 우리는 무엇을 묵상할지를 바꾸어야 한다. 그것이 성경적 묵상의 예술이다. "그러지 않았으면 내가 절망했으리라"는 성경구절을 보라. 절망했을 수 있지만, 나는 절망하지 않을 것이다. 왜? 나는 나의 삶의 자리에서 하나님의 선하심을 볼 것을 소망하며 살기 때문이다.

●

**세상적 묵상은
마음을 비우는 것이지만,
성경적 묵상은 당신의 마음을 채우는 것이다.**

다음 성경구절을 기도하는 마음으로 묵상하라. "그의 종의 평안함(형통 prosperity)을 기뻐하시는 여호와"

(시 35:27). 경제적으로 힘들 때, 그 구절을 눈앞에 두라. 당신 앞에 두라. 왜냐하면 그것이 소망을 살리기 때문이다. 그리고 소망이 살아있으면 천국의 역사를 당신의 삶 속으로 끌어들인다. 때로 우리는 하나님이 주신 해결책을 우리의 말과 행동으로 몰아내는 것 같다. 하나님의 선하심에 대한 확신은 우리가 무슨 일이 있어도 지켜야 하는 것이다. 그것을 당신의 마음속에서 보호하여 아무도 훔쳐가지 못하게 하라. 그것은 당신이 상상하는 것 이상으로 중대하다. 그것을 영적 양식으로 삼으라. 그것에 대해 노래하라. 노래를 잘 부르지 못해도 된다. 그러니까 혼자 부르라. 그러나 정직하게 하나님의 선하심에 대한 새 노래를 부르라. 성경구절을 말하라. 하나님의 선하심에 대한 성경구절을 암송하고, 묵상하고, 하나님의 선하심에 대해 친구와 얘기하라. 간증을 들으라. 친구에게 물으라. "너의 삶에 하나님이 어떻게 역사하고 계시니?" 당신이 그런 영적 양식을 먹으면, 당신은 곧 영향을 미치게 될 것이다.

제 13 장

하나님의 선하심을
어떻게 믿느냐가 운명을 결정한다

| 질문 |

마음속에서 하나님의 선하심을 얼마나 분명히 아느냐가 운명을 어떻게 결정하는가?

빌 존슨: 우리는 하나님의 형상으로 만들어졌다. 만일 하나님이 선하지 않으시다면, 우리는 누구인가? 우리의 목적은 무엇인가? 우리의 잠재력은 무엇인가? 만일 하나님이 우리의 상상을 초월하는 선하신 분이 아니라면, 우리의 운명도 별 볼 일이 없을 것이다. 왜

나하면 교회는 우리가 항상 화난 하나님을 반영한다고 생각하게 되기 때문이다. 그것은 부적절한 행동을 정당화하고, 문제에 대한 불의한 반응을 타당하게 여기게 한다. 그러나 우리는 그렇게 할 권리가 없다.

●

만일 하나님이 선하지 않으시다면,
우리는 누구인가?
우리의 목적은 무엇인가?
우리의 잠재력은 무엇인가?

모든 신자는 하나님이 선하시다고 말한다. 왜냐하면 그것이 성경에 있기 때문이다. 성경은 하나님이 선하시다고 선언한다. 그러므로 우리도 그렇게 말해야 한다. 그러나 하나님의 선하심에 대한 우리의 정의는 예수님 안에서 완전하게 이루어진다. 예수님은 직면하시는 모든 문제에 해결책을 제시하셔서 선하심을 보여주셨다. 예수님은 이렇게 말씀하지 않으셨다. "그냥 인내해. 그냥 이 문제, 이 고난, 이 고통에 맞춰서 살아가." 예수님은 그러지 않으시고 항상 구속적 해법을 주셨다. 예수님은 아버지의 완전한 마음을 예시하셨고, 이제 우리도 그렇게 할 책임과 특권이 있다.

●

**하나님의 선하심에 대한 우리의 정의는
예수님으로 완전하게 정의된다.**

이 문제를 잘 정리하고 나면, 최소한 하나님이 문제를 야기하셨다거나, 하나님이 고통을 주신다거나, 하나님이 마귀에게 그렇게 할 힘을 주셨다는 망상과 늘 씨름하지 않을 것이다. 우리는 그런 문제를 말끔히 정리할 수 있다. 그것만으로도 돌파가 절반은 이루어진다. 문제가 있을 때마다 그 장애물을 다시 넘어야 할 필요가 없기 때문이다. 사람들은 황당무계한 말을 한다. "하나님이 나에게 이 고통을 주셔서 내게 인내를 가르치셨어요." 그렇다면 왜 의사에게 가는가? 왜 하나님이 주신 것을 제거하려고 의사에게 가는가? 그건 말이 안 된다. 그건 충분히 생각해보지 않은 것이다.

제 14 장

예수님과의 친밀함

| 질문 |

하나님의 선하심에 대한 당신의 이해는 은밀한 곳에서 주님과 매일 보내는 친밀한 시간을 통해 이뤄진 것 같다. 사람마다 다르겠지만, 당신의 매일의 일상은 어떤가?

빌 존슨: 나의 기도생활은 그동안 많이 바뀌었다. 전에는 일 중심으로, 이런 돌파가 필요하고, 저런 기적이 필요하고, 호의를 얻을 이런 열린 문이 필요하다고 기도하곤 했었다. 우리 모두 짐이 있고 우리는 그것을 위해 기도해야 한다. 간구의 기도를 드리는 것은 우리

의 특권이다. 그러나 내가 주님과 보내는 시간의 대부분, 최소한 75퍼센트, 혹은 그 이상은 그저 주님을 사모하고 경배하는 것이다. 지금은 내 기도 시간의 대부분이 하나님과의 관계 안에서 하나님께 대한 나의 사랑을 표현하는 것이다.

●

**내가 주님과 보내는 시간의 대부분,
최소한 75퍼센트, 혹은 그 이상은
그저 주님을 사모하고 경배하는 것이다.**

나는 우선, 주님의 임재에 안기는 것에서부터 시작하기를 좋아한다. 그것은 아침이나 밤의 기도 시간만이 아니라, 하루 종일 어느 때든 내가 일시정지 할 때이다. 나는 사랑의 마음으로 하나님을 향하며 그저 하나님의 임재를 인식하기를 좋아한다. 그것은 일 중심의 관계가 아니다. 그는 항상 나와 함께하시고, 나는 그를 인식하기 원한다. 나는 내 마음이 하나님을 향하기를 바란다. 그것은 내 삶의 큰 부분이다. 내 삶의 대부분이다. 물론 나에게도 다른 사람들처럼 많은 일이 일어난다. 나는 하루 종일 늘 기도하며 주님의 어떤 역사를 내가 보기 원하는지 아뢰지만, 나와 하나님의 관계를 정의하는 것이 있다면, 그것은 하나님에 대한 나의 사랑과 사모함이다. 무슨 일이 일어나든, 그것이 나의 신앙생활의 큰 부분이다.

제 15 장

당신의 마음을
예수님을 향해 돌리라

| 질문 |

사랑과 주의를 주님을 향해 돌리는 것은 어떤 것인가?

빌존슨: 그렇게 하면서, 나는 하나님을 알게 되었다. 하나님을 보고서 사랑하지 않는 것은 불가능하다. 우리의 초점을 다른 모든 시끄러운 음성으로부터, 매력적이거나 혹은 혐오스러운 다른 모든 상황으로부터 돌려야 한다. 우리 자신을 그 모든 것들로부터 분리시켜서, 우리를 가장 사랑하시는 분께 초점을 맞추어

야 한다.

●

하나님을 보고서 사랑하지 않는 것은 불가능하다.

그것이 하나님을 알게 되는 것이다. 거기에 생각이 개입되긴 하지만, 그것은 거창한 정신적 훈련이 아니라, 내 심령에 하나님을 향한 사랑이 생기는 것이다. 나는 그를 만나며 다른 모든 것을 일시정지 하고 깨닫는다. 하나님에 대한 사랑이 지금 이 순간 내 삶에서 가장 중요하다. 나는 그 사랑을 하나님을 향해 돌린다.

하나님에 대한 사랑 없이 일 중심이 되는 것은 큰 문제다. 나는 더 효과적인 기도를 하려고 하나님과 가까워지려는 것이 아니다. 하나님은 이미 여기 계시고 나는 그것을 안다. 그러나 나는 거기서 더 나아가서 나와 사람들에 대한 하나님의 마음을 알고자 한다. 하나님의 마음을 느끼려고 한다. 그러면 모든 것에 대해 나의 관점이 바뀐다. 그것이 핵심이다. 정말 간단하다.

그러면 내가 하나님을 알게 되고, 나는 나의 사랑을 하나님을 향해 돌린다. 내가 하나님을 사랑한다고 아뢰고, 찬양과 경배도 드리지만, 그것은 어떤 활동으로서 하는 것이 아니다. 그것은 상상할 수 있는 가장 자연스러운 반응이 우러나오는 것이다.

제 16 장

하나님이 통제하시는가?

| 질문 |

많은 사람들이 "하나님이 통제하신다 God is in control"라고 말한다. 그러나 당신은 하나님이 주관하시는 것은 맞지만, 통제하지는 않으신다고 말했다. 그것을 어떻게 설명하겠는가?

빌 존슨: 우리는 "하나님이 통제하신다"는 말로 시작하여 악을 설명한다. 우리는 하나님이 그것을 야기하셨거나 허락하셨다고 말한다. 그러나 나는 그런 말이 좀 거북하다. 부모라면 내 말에 공감할 것이다. 부

모가 가정을 주관하지만, 일어나는 모든 일을 통제하지는 않는다. 신약에서 하나님의 뜻을 두 가지로 말한다. 하나는 확정되고 확고하고 불변하는 것이다. 다른 하나는 사람들이 하는 역할에 의해 종종 결정된다.

●

부모라면 내 말에 공감할 것이다.
부모가 가정을 주관하지만,
일어나는 모든 일을 통제하지는 않는다.

예수님의 재림에 대해 우리가 왈가불가할 수 있지만, 우리가 믿든 안 믿든, 그 일은 일어날 것이다. 우리가 재림을 믿는지의 여부가 그것을 바꾸지 않는다. 또한 "오직 주께서는… 아무도 멸망하지 아니하고 다 회개하기에 이르기를 원하시느니라"(벧후 3:9)는 말씀이 아마도 가장 좋은 예일 것이다. 사람들이 멸망하고 있는가? 그렇다. 그러나 그것이 하나님의 뜻인가? 아니다. 하나님이 그것을 통제하고 계신가? 하나님이 그들의 멸망을 부추기시거나 그들이 영벌을 받기를 바라시는 것이 아니라는 점에서, 하나님이 통제하지 않으신다. 그러나 하나님의 마음은 그렇지 않다. 하나님의 마음은 모든 사람이 하나님께로 돌아오는 것을 바라신다. 우리는 이런 점을 잘 정리하여 하나님의 선하심을 확신함으로써, 깨지고 타락한 사람들, 혹은 십자가의 원수인 사람들을 대할 때 잘 나타내야 한다. 우리는 그런 사람들에게 어떻게 반응하는가? 우리는 하나님을 잘 나타낼 책임이 있다.

●

사람들이 멸망하고 있는가? 그렇다.
그것이 하나님의 뜻인가? 아니다.

예수님이 말씀하셨다. "아버지께서 나를 보내신 것 같이 나도 너희를 보내노라"(요 20:21). 완전하신 아버지께서 예수님을 보내셨다. 이제 아버지께서 예수님을 통해 우리를 보내셔서 무엇을 하게 하시는가? 구속 사역 외에는, 예수님이 하신 것과 똑같은 일을 우리가 하게 하신다. 구속사역은 오직 하나님의 어린양의 것이다. 그러나 우리도 아버지를 나타내고 아버지의 선하심을 나타낼 책임이 있다. 하나님의 기준이 있다. 뭐든 다 되고 뭐든 하나님이 다 축복하시는 것이 아니다. 그것은 말도 안 된다. 그건 옳지 않다. 우리는 하나님을 사랑하기 때문에 하나님이 미워하시는 것을 나도 미워해야 한다. 하나님은 고통을 미워하신다. 죄를 미워하신다. 하나님은 그 모든 것을 미워하시지만, 죄인을 사랑하시고, 고통당하는 자들을 사랑하신다. 우리는 이 삶 속에서 하나님의 그런 선하심을 잘 나타내는 법을 배워야 한다.

제 17 장

하나님이 질병을 주시나?

| 질문 |

하나님이 사탄에게 욥을 괴롭히도록 허락하신 것으로 보인다. 많은 사람들이 주장하듯이, 하나님이 질병과 파멸을 허락하시는가? 아니면 그 당시 하나님이 말씀하신 것은 욥의 상황에만 해당되는 것인가?

빌존슨: 나는 거기에 대해 충분한 답변을 가지고 있지 않다. 그러나 나의 마음을 만족시키는 대답은 예수님이 구약에 계시된 것과 다르게 신약에서 아버지를 나타내셨다는 것이다. 뭔가 변한 건가? 나는 모른

다. 다만 나는 욥의 제자가 아니라, 예수님의 제자다. 나는 구약에서 일어난 모든 일들을 다 설명하지는 못한다. 그러나 내가 보기에 그것은 모두 죄의 심각성과 관련된다. 주께서 구약 전체를 통해 드러내신 것은 죄의 심각성과 인간의 완전히 타락한 상태다. 그리고 유일한 구원자는 하나님의 어린양이시다. 모든 것이 그것을 가리킨다. 예수님이 나타나신 이후로 우리는 성경에서 욥과 같은 상황을 보지 못한다. 우리는 아버지께서 그런 것을 야기하시는 것을 다시 보지 못한다. 만일 예수님이 폭풍을 꾸짖으시고 아버지는 폭풍을 보내신 것이라면, 집안이 나눠진 것이다. 아들이 아버지의 뜻을 거역한 것이다. 그러므로 폭풍 배후에는 하나님이 보내지 않으신 다른 힘이 있었던 것이고, 예수님이 그것을 꾸짖으셨던 것이다. 예수님은 단지 날씨에게 명령하신 것이 아니라, 어떤 실체를 다루고 계셨던 것이다.

•

나는 욥의 제자가 아니라,

예수님의 제자다.

| 질문 |

하나님이 우리에게 질병을 주셔서 우리로 교훈을 얻게 하시는 것이 아니라면, 왜 하나님은 사탄이 욥에게 질병을 주도록 허락하셨는가?

빌 존슨: 구약의 기준은 완전한 신학(예수님)으로 대체되었다. 그렇기 때문에 나는 양을 제물로 바치지 않을 것이고, 욥을 모범으로 삼지도 않을 것이다. 욥은 질문이고, 예수님은 해답이시다. 내가 설명할 수 없는 미스터리들이 많지만, 나는 내가 그것들을 설명해야 할 필요를 느끼지 않는다. 나는 예수님을 보는 것으로 내가 무엇을 해야 하는지 충분히 안다.

●

**욥은 질문이고,
예수님은 해답이시다.**

한 사람이 치유된 벳세다 연못의 상황을 생각해보라. 만일 오늘날 그런 일이 일어났다면, 그 연못가에 있었지만 치유되지 않은 사람들을 모두 인터뷰해 질문했을 것이다. "예수님이 당신을 그냥 지나쳐 가실 때 기분이 어땠나요?" 오늘날 신학의 많은 부분은 일어난 일이 아니라, 일어나지 않은 일에 초점을 맞춘다. 그러나 우리는 하나님이 말씀하시는 것, 하나님이 행하시는 것을 찬양해야 한다. 그러면 더 큰 돌파를 경험할 것이다.

●

**오늘날 신학의 많은 부분은
일어난 일이 아니라
일어나지 않은 일에 초점을 맞춘다.**

제 18 장

만일 당신의 예언이 이뤄지지 않는다면?

| 질문 |

예언의 말씀을 받았는데 이뤄지지 않을 때, 어떻게 하나님의 선하심의 기반 위에 서는가?

빌존슨: 내가 매우 열심히 하는 것이 있다. 아버지께서 예수님을 사랑하는 아들이라고 부르셨다. 그런데 사탄이 나타나서 말했다. "네가 만일 하나님의 아들이어든"(마 4:3-6 참조). 마귀는 하나님께서 예수님께 말씀하신 것에 의문을 제기했다. 그러나 예수님은 계시

를 훼손하는 마귀의 질문에 힘을 실어주기를 거부하셨다. 그래서 예수님이 받은 계시는 손상되지 않았다. 예수님은 어떤 질문으로도 그 계시가 손상되는 것을 허락하지 않으셨다. 우리도 똑같이 그렇게 할 책임이 있다. 성취되지 않은 약속이 있을 때, 우리는 그것을 우리 앞에 두고 지켜야 한다. 성경은 말한다. "마리아는 이 모든 말을 마음에 새기어 생각하니라"(눅 2:19). 예수님의 어머니 마리아는 아들 예수님에 대한 말씀을 받고 묵상했지만 그것이 30년 동안 성취되지 않았다. 그러나 마리아는 그것을 안전한 장소인 마음의 태안에 지키고 키워서 하나님 아버지께서 하나님의 목적을 드러내기로 선택하신 때까지 보호했다.

•

**예수님은 그 계시를 훼손하는 마귀의 질문에
힘을 실어주기를 거부하셨다.**

아브라함과 그가 받은 말씀을 보자. 그것이 이뤄지기까지 수십 년이 걸렸다. 때로는 말씀이 임하고 몇 주, 며칠 내에 이뤄진다. 때로는 몇 시간 만에 이뤄진다. 또 때로는 기다려야 한다. 그래서 나는 그 말씀을 선반 위에 얹어둔다. 그리고 내 마음이 그 말씀에 대한 확신으로 두근거릴 때, 그 말씀을 선반에서 내려서 묵상한다. 나는 그 말씀을 가지고 기도하며 하나님이 말씀하신 것을 선포한다. 나는 성경 구절을 찾아보거나, 내가 해야 할 것이 있는지 하나님 아버지께 여쭤본다. 아브라함은 이삭이 태어나도록 하나님과 협력해야 했다. 아브라함이 할 역할이 있었다. 아브라함이 기적을 일으킬 수는 없었지만, 할 역할이 있었다. 그래서 나는 질문한다. "주님, 제가 뭘 하기 원하세요?" 나는 한 시즌 동안 그렇게 한다. 그래도 돌파가 일어나지 않으면, 나는 그것을 다시 선반에 올려놓는다.

나는 그것을 내 앞에 두고 지켜서 소망하며, 하나님의 때를 모르더라도, 내가 할 역할로 참여한다.

●

돌파가 일어나지 않으면,
나는 그것을 다시 선반에 올려놓는다.

제 19 장

하나님의 선하심과 잃어버린 자들

| 질문 |

그리스도인인 우리가 죄인의 죄에 상처받지 않으면서 죄인을 참으로 사랑하려면 어떻게 해야 하는가?

빌 존슨: 당신 자신이 얼마나 죄인인지 깨달으면 쉬워진다. 가령 우리가 샌프란시스코나 뉴올리언스 같은 도시를 위해 기도할 때 그들의 죄 때문에 상처받기 쉽다. 죄의 폐해를 생각할 때 우리가 괴로운 것은 당연하다고 할 수도 있을 것이다. 그러나 우리 자신이

얼마나 죄인인지 깨달으면, 그 도시들을 위해 효과적으로 기도할 수 있다. 우리는 "하나님, 저도 그들 못지않게 하나님의 인자하심을 누릴 자격이 없었지만, 하나님이 제게 자비를 베풀어주셨어요. 하나님이 제게 인자하시고 자비로우셨어요. 저에게 회개의 선물을 주셨어요. 그러니 이 도시에도 회개의 선물을 주시기를 간구합니다." 우리는 그런 태도로 기도할 수 있다.

**예수님은 하나님 아버지 앞에서
사람들을 비난하지 않으신다.**

느헤미야는 예루살렘성과 나라의 회복을 위해 기도했다. "하나님, 저희가 범죄하였으니 저희를 용서하소서"(느 1:6-7 참조). 물론 느헤미야 자신은 그런 죄를 짓지 않았겠지만, 느헤미야는 이스라엘 백성의 죄악된 상태를 동일시하여, 그들을 대신해 기도하고, 그들의 문제가 자기의 문제인 것처럼 했다. 정말로 그렇게 해야 한다. 깨진 사람들을 동일시하여 기도해야 한다.

"하나님, 저희는 하나님의 자비가 필요합니다. 저희는 곤궁합니다." 그것이 중보이다. 우리는 다른 사람의 입장이 되어 우리 자신이 그런 것처럼 간구해야 한다. 그런 자세가 바로 제사장적 사역이다. 우리는 하나님께 사역할 뿐 아니라 하나님 앞에서 사람들을 대신해 사역한다. 그것이 우리가 할 역할이다. 예수님은 하나님 아버지 앞에서 사람들을 비난하지 않으신다. 예수님은 비난하는 분이 아니시므로 죄인들이 예수님과 함께 있고 싶어 했다. 그러나 예수님은 결코 죄를 칭찬하거나 죄에 틈을 주지 않으셨다. 예수님이 자신을 정죄하실까봐 염려할 필요가 없었기 때문에 사람들은 예수님과 함께 있기를 원했다. 모든 사람이 자신을 죽이는 죄로부터 자유롭기를 원한다. 우리는 그것을 몸소 보여주어야 한다.

제 20 장

전도, 그리고 우리가 사람을 얼마나 가치 있게 여기는가

| 질문 |

벤엘 교회에서 빌 존슨 목사님은 '우리 대 그들' 식으로 편 가르는 말을 없앴다. 왜 그것이 중요한가?

빌 존슨: 우리의 사역대상으로 이용되고 싶어 하는 사람은 아무도 없다. 나는 전도를 중시하는 교회에서 자랐다. 그것은 당연하다. 선교는 중요하다. 그러나 누가 우리의 사역대상으로 이용되고 싶어 하겠는가? 내가 "그들"과 함께하는 시간을 갖는 것은 그들이 구원

받기를 바라기 때문이다. 그것이 고귀한 이유인가? 물론 그렇다. 그러나 그들이 받아들이지 않으면, 우리는 관심을 돌리는 경향이 있고, 그들을 사랑하는 것 자체를 소중히 여겨 그들을 사랑하지 않는다.

●

모든 사람이 있는 모습 그대로 누군가에게 소중히 여겨지기를 바란다.
사실 전도는 그런 것이어야 한다.
전도는 우리가 사람들을 소중히 여김에서 흘러나와야 한다.

우리에게 숨겨진 의도가 있으면 사람들이 알아챈다. 다단계 마케팅 모임이 그렇다. 어떤 사람의 집에 저녁식사 초대를 받아서 갔다가, 중간쯤에 깨닫는다. 그들은 당신이 뭔가 물건을 사기를 바란다. 아무도 그런 것을 좋아하지 않는다. 그건 사람을 기만하는 것이다. 모든 사람이 있는 모습 그대로 누군가에게 소중히 여김 받기를 원한다. 사실 전도는 그런 것이어야 한다. 전도는 우리가 사람들을 소중히 여김에서 흘러나와야 한다.

제 21 장

창조에 나타난 하나님의 선하심

| 질문 |

하나님의 창조 의도와 에덴동산에 하나님의 선하심이 어떻게 반영되어 나타나는가?

빌 존슨: 하나님은 아담과 하와를 이미 마귀가 점령한 땅 위에 두셨다. 하나님은 크기가 제한된 동산을 창조하시고, 그들에게 거기서 생육하고 번성하여 땅을 정복하라고 하셨다(창 1:28 참조). 정복(subdue)은 군사용어다. 진격해 동산의 크기를 확장하여, 하나님의 형상인 사람들, 하나님의 권세를 위임받은 사람들이

온 지구를 다스리라는 것이었다. 그것이 하나님의 의도였다.

●

진격해 동산의 크기를 확장하여,
온 지구가
하나님의 형상이며 하나님의 권세를 위임받은
사람들에 의해 다스려지게 하라는 것이었다.

그러나 죄가 들어왔을 때, 다스리는 권세, 그 열쇠가 뱀에게 넘겨졌다. 그래서 예수님의 40일 금식 후, 뱀이 예수님을 유혹하며 말했다. "이 모든 권위와 그 영광을 내가 네게 주리라 이것은 내게 넘겨준 것이므로 내가 원하는 자에게 주노라"(눅 4:5-7). 하나님이 우리를 창조하시고 권세를 위임하셔서 온 피조물에 대한 하나님의 풍성한 기쁨의 통치를 나타내 보이게 하셨지만, 우리는 거짓말쟁이와 파트너가 되어, 우리 자신을 괴롭히도록 그를 불러들였다. 그러나 예수님이 죽으시고 부활하셨을 때 선포하셨다. "내가 열쇠를 되찾았다." 예수님이 말씀하셨다. "하늘과 땅의 모든 권세를 내게 주셨으니 그러므로 너희는 가라"(마 28:18-19). 예수님이 우리에게 원래의 임무를 부여하셨다.

●

하나님이 우리를 창조하시고 권세를 위임하셔서
온 피조물에 대한 하나님의 풍성한 기쁨의 통치를 나타내 보이게 하셨다.

제 22 장

선하신 하나님 만나기

| 질문 |

하나님을 만나기 위한 준비를 어떻게 하는가?

빌 존슨: 우리는 부르짖는다! 우리는 그저 부르짖는다. 우리는 하나님과의 만남을 통제할 수 없다. 우리가 하나님을 추구하는 것이 중요하다. 우리는 하나님께 더욱 더 임해달라고 부르짖지만, 우리 생각대로 어떤 특정한 식으로 만져달라고 요구하지는 않는다. 우리에게 무엇이 필요한지, 지금 이 순간 무엇이 우리에게 가장 효과가 클지 그가 아신다. 우리에게 가장 효

과가 큰 것은 매우 미묘해서 그 완전한 영향을 몇 달이나 몇 년이 지나서야 깨달을 수도 있다. 나는 지금도 제일 처음에 그렇게 심오하게 하나님과 만났던 영향 하에 살고 있다. 하나님이 나의 심령에 1979년 5월에 말씀하셨다. 나는 그 하나님의 손길이 나에게 미쳤던 영향을 지금도 기억한다. 그 순간에는 그것이 얼마나 의미심장한지 내가 미처 다 깨닫지 못했었다. 그러나 만일 내가 "하나님, 저는 몸이 진동하고, 쓰러지고, 구르기를 원해요"라고 하면서 그런 것에만 초점을 맞추었더라면, 하나님이 하고 계신 일을 간과했을 것이다. 그러나 나는 하나님이 어떻게 나타나시든 상관없이, 그저 하나님만을 원했다.

●

**만일 당신이 현재 가진 것에 감사하지 않는다면,
더 많이 받을 준비가 되지 않은 것이다.
왜냐하면 당신은 하나님이 주신 것의
좋은 청지기가 되지 않았기 때문이다.
좋은 청지기의 삶을 살면 더 많이 받게 된다.**

하나님과의 만남을 위해 기도할 때, 하나님을 상자에 가두거나 하나님이 어떻게 역사하셔야 한다고 제한하여 말하지 말라. 하나님을 늘 간절히 갈망하더라도, 이미 가진 것에 대한 감사함의 배경 속에서 그렇게 하라. 더 많은 것을 갈구하며 힘을 다해 나아갈지라도 한편으로는 당신이 지금 가진 것으로 인해 감사해야 한다. 당신이 현재 가진 것에 감사하지 않는다면, 더 많이 받을 준비가 되지 않은 것이다. 왜냐하면 당신은 하나님이 주신 것의 좋은 청지기가 되지 않았기 때문이다. 좋은 청지기의 삶을 살면, 더 많이 받게 된다.

| 질문 |

하나님께 대한 순복, 그리고 하나님이 원하시는 만남에 대해, 하고 싶은 말은?

빌 존슨: 우리가 가면, 하나님은 언제나 받아주신다. 우리의 동기가 불순할지라도, 하나님은 우리를 여전히 자신에게로 가까이 데려오시고, 그러고 나서 그 후

에 우리의 불순함을 가지치기 해주실 것이다. 나는 하나님이 임하셔서 집을 청소해주시기 전에 먼저 사람들에게 자기 집을 청소하라고 하지 않는다. 우리는 있는 모습 그대로 하나님께 나아가면 된다.

당신이 아는 대로 최대한 정직하게 나아가라. 꾸준하라. 갈급하라. 마음을 털어놓으라. 하나님이 한 번 만져주시면 모든 것이 변한다는 것을 깨달으라. 당신의 생각대로 하지 말고, 하나님이 뜻대로 하시게 하라.

성경은 모세가 불타는 떨기나무를 보고서 돌이켰다고 말한다(출 3:3-4 참조). 그는 방향을 바꾸고, 다른 방향을 받아들였다. 때로 주께서 어떤 미묘한 것을 행하셔서 우리가 초점과 방향을 바꿀 기회를 주시지만, 우리가 가던 방향 그대로 가고 초점을 바꾸지 않으면, 돌이키라는 하나님의 미묘한 초청을 때로 놓친다. 성경은 모세가 돌이키자 주께서 말씀하셨다고 한다. 모세가 자세를 바꾸고 다른 초점을 갖자 주의 음성이 임했다.

●

우리가 오면 하나님은 받아주신다.
우리의 동기가 불순할지라도,
하나님은 우리를 여전히 가까이 데려오셔서,
그 후에 불순함을 가지치기 하실 것이다.

제 23 장

실망에 대처하기

| 질문 |

당신은 실망스럽고 고통스러운 삶의 사건들을 어떻게 균형 잡히고 건강하게 처리하여 하나님은 선하시다는 하나님나라의 관점을 지키는가?

빌 존슨: 우리 마음을 하나님이 하고 계신 일로 채워야 한다. 하나님이 하고 계신 일이 뭔지 볼 수 없으면, 하나님이 이미 하신 일로 우리 마음을 채우라. 또한 하나님이 말씀하시는 것으로 우리 마음을 채우라. 만일 하나님의 음성이 들리지 않으면, 하나님이 이미 말

씀하신 것으로 돌아가서, 하나님이 행하신 역사, 하나님의 구속적 개입들을 중심으로 하여 우리 마음의 상태를 세우라. 그런 것들을 우리 영혼의 양식으로 삼으라. 만일 이뤄지지 못한 안타까운 일을 영적 양식으로 삼으면, 우리는 마음이 상할 것이고, 결국 불신에 빠질 것이다. 그래서는 안 되므로, 우리 마음을 지켜야 한다.

●

우리 마음을 하나님이 하고 계신 일로 채워야 한다.
하나님이 하고 계신 일이 뭔지 볼 수 없으면,
하나님이 이미 하신 일로 우리 마음을 채우라.

벳세다 연못가에 있던 사람들의 수가 천 명은 되었을 것이라고 한다. 그런데 예수님은 그 중의 한 사람을 고치셨다. 성경은 그 한 사례를 경축한다. 그러나 교회는 주로 치유되지 않은 999명을 중심으로 신학을 만든다. 우리는 일어나지 않은 일 때문에 선하신 아버지께 대한 관점을 바꿀 수 없다. 삶의 어떤 일들은 하나님에 대한 전반적 신뢰로 포용해야 한다. 나는 하나님을 신뢰한다. 그게 끝이다. 내가 설명할 수 없을지라도 나는 순종할 수 있다. 나는 "내가 다음에 할 것은 무엇인가?"만 알면 된다. 그래서 나는 모든 이해를 초월하는 평화를 받아들일 수 있다. 왜냐하면 나는 내가 꼭 이해해야 한다고 주장하지 않기 때문이다. 나는 이해할 권리를 포기한다. 그래서 나는 이해할 수 없을지라도 이해를 능가하는 평화를 받아들일 수 있다.

●

우리는 일어나지 않은 일 때문에 선하신 아버지께 대한 관점을 바꿀 수 없다.

핵심은 "그가 무엇을 찾으시는가?"이다. 하나님은 우리의 신뢰를 찾으신다. 그는 무슨 일이 있더라도 하나님을 믿을 사람들을 찾고 계신다. 은행 잔고가 든든하고, 기도해주는 사람마다 치유되고, 온 가족이 건강하고 부유하고 지혜롭고, 세상 모든 것이 만사형통일 때는 하나님을 믿기 쉽다. 그럴 때는 하나님께 모든 감사와 찬양을 드리기가 정말 쉽다. 그러나 하나님이 기도응답을 나에게 맡기시려면, 내가 실망을 통과해 헤쳐 나올 줄 아는 사람이어야 한다.

●

내가 기도해온 것을 하나님이 나에게 맡기시게 하려면,
실망을 통과해 헤쳐 나올 줄 알아야 한다.

우리는 모두 거창한 기도를 해왔다. "하나님, 열방의 변화를 보기 원합니다. 나라들이 하나님께로 오게 하소서. 하나님, 저를 사용하셔서 이 사람들에게 영향을 미치소서. 제가 기도해주는 사람마다 하나님의 사랑을 느끼게 하소서. 벧엘 교회의 문으로 들어오는 사람마다 암 덩어리가 녹아 사라지게 하소서." 우리가 그렇게 거창한 기도를 할 때, 하나님이 말씀하신다. "좋아. 내가 그걸 응답할게. 그런데 중요한 건 네가 해야 하는 일이야. 너는 실망을 어떻게 다루니? 네 생각대로 일이 되지 않으면 나를 비난할 거니? 나에게서 멀어질 거니? 나를 사랑하지 않을 거니?" 하나님은 우리에게 벌주시려는 게 아니라, 우리에게 얼마나 큰 축복을 줘도 우리가 무너지지 않을지 측정해보고자 하신다. 사람이 축복을 받으면, 성화된 사람의 삶은 굳건히 세워지지만, 성화되지 않은 사람의 삶은 무너진다. 만일 내가 하나님을 신뢰하는 마음이 약하다면, 내가 얼마나 큰 축복을 잘 감당할 수 있는지가 이미 정해진 것이므로, 하나님은 나에게 자비를 베푸셔서 나에게 큰 영광이 임하지 않게 하실 것이다. 왜냐하면 그것이 나를 무너뜨릴 것이기 때문이다. 그래서 무슨 일이 있더라도 상관없이 하나님을 신뢰하는 것이 관건이다.

●

축복을 받으면, 성화된 사람의 삶은 굳건히 세워지지만,
성화되지 않은 사람의 삶은 무너진다.

2016년 초에 나는 건강에 심각한 문제가 있었다. 그

실망에 대처하기

일 이후, 나는 담대한 믿음은 조용한 신뢰 위에 세워진다는 것을 알게 되었다. 하나님이 우리 안에 확립하고자 하시는 것은 조용한 신뢰다. 황당무계하게 들리는 일이 있을지라도, 우리는 절대적으로 하나님을 신뢰한다. 조용한 신뢰의 라이프스타일은 담대한 믿음, 담대한 선포, 돌파를 위한 진취적 추구의 기반이다.

제 24 장

고통 중의 하나님의 주권

| 질문 |

하나님이 선하시므로, 나쁜 일이 일어날 때 우리가 하나님을 탓하지 말아야 하고, 혹은 하나님이 그 일을 일어나게 허락하셨다는 말도 하지 말아야 한다면, 당신은 고통스러운 상황 속에서 하나님의 주권을 어떻게 설명하는가?

빌 존슨: 그는 하나님이시다. 무엇이든 원하시는 대로 하실 수 있다. 나는 감히 하나님이 행하시려는 목적이 무엇인지 늘 아는 척 하지 않는다. 그러나 예수님은 우리가 따라야 할 좋은 모범이 되신다. 내가 계

속 강조하는 핵심은 우리가 하나님에 대해 어떻게 생각하는가이다. 만일 어떤 속성이 예수님의 성품 안에 없는 것이라면, 우리는 하나님이 그런 분이신지 의문을 품어야 한다.

만일 어떤 속성이 예수님의 성품 안에 없는 것이라면, 우리는 하나님이 그런 분이신지 의문을 품어야 한다.

사람들이 할 수 있는 많은 질문에 대해 우리가 다 설명할 수 없을지라도, 예수님을 생각하면 우리 마음의 동요가 가라앉는다. 예수님은 이것을 어떻게 다루셨는가? 예수님은 이 갈등 속에서 어떻게 하셨는가? 예수님은 여기서 어떻게 하셨는가? 예수님은 기준을 정하시고 우리가 할 수 있는 것을 모범으로 보여주셨다. 우리에게 그 평화가 없으면, 우리가 예수님과 해야 할 것을 항상 엉뚱하게 재해석할 것이다. 가령 우리는 교회에 가서 이러지 않는다. "이번 주일에는 구약을 기념하기 위하여 양을 재물로 바칠 거예요." 우리는 절대로 그렇게 하지 않을 것이다. 우리는 구약에서 하던 것으로 돌아가지 않는다. 왜냐하면 예수님이 판을 다시 짜셨고, 이제 중요하고 유일한 제사는 그의 제사뿐이기 때문이다. 다른 모든 것은 과거다. 구약은 참고사항일 뿐이고, 오늘날에는 효력이 없다. 왜? 하나님의 어린양께서 오셨기 때문이다. 우리가 구약의 모든 것을 다 설명할 수 없을지라도, 분명히 나타난 것이 있다. 그것은 예수님이 아버지를 나타내 보이셨다는 것이다. 왜 예수님을 재정의하는가? 왜 예수님이 계시하신 것보다 구약의 경험을 우선시하는가? 그렇게 하는 것은 오늘날에 양을 재물로 바치는 것만큼이나 비논리적이다.

제 25 장

그리스도인의 정치 참여

| 질문 |

정치 문제에 있어서, 그리스도의 몸인 교회에게 하나님의 선하심을 어떻게 말하여 교회의 정치적 분열을 치유하겠는가?

빌존슨: 참여하지 말라. 정치의 영은 당신이 어느 편이든 개의치 않고, 다만 당신이 어떤 사람에게 화를 내게 하거나, 당신이 어떤 사람의 의견보다 우월하다고 느끼게 하려고 한다. 정치의 영은 그 속성이 기만적이고 조종한다. 정치의 영은 인기투표로 득세한다.

정치의 영은 사람들에게 압력을 가하고 기만적으로 조종하여 설득하려고 한다. 정치의 영은 두려움과 온갖 위협 요소들을 사용하여 사람들이 자기도 모르는 새에 정치에 참여하게 하려고 한다. 당신에게 그런 일이 일어나게 허용할 수 없다. 당신은 그것이 무엇인지 실체를 포착해야 한다. 그것은 악한 영의 힘이다. 그것은 속성이 인본주의적이다. 그것은 하나님이 아니라 사람이 모든 것의 중심이 되는 영광에 초점을 맞춘다. 예수님이 우리에게 헤롯의 누룩을 주의하라고 경고해주셨다. 그것은 정치의 영이다.

정치의 영은 당신이 어느 편인가는 개의치 않고, 다만 당신이 어떤 사람에게 화를 내게 한다.

종교의 영도 안전하지 않다. 그것은 모든 것의 중심에 하나님을 두지만, 그는 비인격적이고 무력하다. 인격적 관계나 상호작용이 없다. 정치의 영과 종교의 영, 그 두 가지 세력 모두가 사람들의 마음을 나누려고 역사하고 있다. 그러므로 첫째로, 거기 참여하지 말라. 그 두 가지 문제를 겪고 있는 사람들을 긍휼히 여기라. 그래서 그들을 위해 기도하되, 그들과 함께 기도하지는 말라.

●

예수님이 헤롯의 누룩을 주의하라고 경고하셨다. 그것은 정치의 영이다.

주께서 우리의 분별력을 회복시켜주셔야 한다. 교회가 상처를 받아서, 막후에서 무슨 일이 벌어지고 있는지에 대한 분별력을 상실했다. 우리가 정치인들을 직접 알거나, 정계 소식에 "환한" 사람들이 우리 중에 있지 않은 한, 우리는 언론이 보도하는 대로만 정치가들을 안다. 언론은 정보를 통제하여 우리 모두와 여론을 기만적으로 조종하려고 한다. 그러므로 우리가 해야 할 일은 드러나야 할 것을 주께서 친히 드러내주시도록 기도하고, 비난의 영 없이 정부를 위해 기도하는 것이다. 우리는 하나님이 하나님의 목적을 이루시도록 기도해야 한다. 중요한 정치적 쟁점들이 있다. 가령 미국에는 낙태 문제가 있다. 우리는 그런 쟁점들을 마음에 품고 기도하며, 또한 하나님이 우리 눈을 열어 주셔서 우리가 말초적 반사작용을 하는 것이 아니라, 확신에 따라 행동하는 사람들로 회복되도록 기도해야 한다.

제 26 장

어린이들에게 고통을 어떻게 설명할 것인가

| 질문 |

상실의 비극 속에서 하나님의 선하심을 어린이들이 이해하도록 어떻게 설명해야 할까?

빌 존슨: 내가 아는 경우로서, 나의 어떤 동료가 큰 상실을 경험했지만, 그는 하나님이 큰 비극을 승리로 바꾸실 수 있다는 확신이 있었다. 그것은 단지 말이 아니었다. 그것은 실체였다. 인간인 우리는 큰 고통과 상실을 감당하기가 쉽지 않다. 그러므로 상실이 일어

났을 때, 애통할 시간을 주어야 한다. 우리는 사람들을 빨리 애통에서 벗어나게 하려고 "하나님은 선하세요. 다 잘될 거예요"라고 말하지 말아야 한다. 우리는 다만 그들 곁에 있어주어야 한다. 우리는 그들의 말을 들어주고, 그들을 사랑하고, 함께 아파하고, 함께 울어야 한다. 우리는 그런 필요한 것을 해야 한다. 그러나 그 애통의 기간에 우리 자신을 지켜서 애통이 불신으로 이어지지 않게 주의해야 한다. 그렇게 될 수도 있기 때문이다.

●

우리는 그들의 말을 들어주고, 그들을 사랑하고, 함께 아파하고, 함께 울어야 한다.

마가복음 16장에서 제자들은 애통하다가 불신하게 되었다. 그들은 부활하신 예수님을 만났다는 간증을 듣고 부인했다. 그러다 나중에 예수님이 그들에게 나타나셔서, 그들이 받은 증거를 거부했다고 꾸짖으셨다. 무엇이 그들로 하여금 그 증거를 거부하게 했는가? 애통이었다. 물론 애통은 합당한 것이다. "애통하는 자는 복이 있나니 그들이 위로를 받을 것임이요." 올바로 애통하면, 성령이 임하신다. 적절한 애통은 좋다. 그래서 애통해야 할 때가 있다. 우리는 우리의 어린 자녀들이 슬퍼할 때 기도하며 보호구역을 만들어 주어야 하지만, 주님의 때가 되었을 때는 분별해서 말해야 한다. "자 이제 우리는 주님께서 상실을 속량하시고 전환시켜주시도록 준비해야 해." 그러고 나서 우리는 기도하기 시작해야 한다. 슬픔의 반사적 반응을 하는 것이 아니라, 아버지의 마음에 화답해야 한다. "하나님, 이제 저희를 치유하시고 상실을 만회하여 주소서." 그런 말을 들은 어린이들은 상실이 끝이 아니라는 것을 알게 된다. 상실은 이야기의 중간 부분이다. 끝은 하나님이 그것을 속량하셔서, 우리를 파괴했을지 모를 그것이 오히려 우리를 굳건히 세우고 우리에게 능력을 부여하도록 하시는 것이다. 우리는 그렇게 소망을 주는 말을 해야 한다. 모든 질문에 다 대답해줄 수 없어도 괜찮다.

우리는 모든 질문에 다 대답해주지 못한다. 왜 이

런 일이 일어났는가? 나는 잘 모른다. 그러나 나는 하나님이 선하신 분임을 알기 때문에 하나님을 신뢰할 수 있다. 하나님의 선하심을 떠나서는 나에게 도움이 될 것을 찾을 수 없다. 다른 모든 것들은 내 마음을 타락시켜서 사랑의 아버지를 적대시하거나 하나님으로부터 멀어지게 한다. 하나님의 선하심이 나를 하나님께로 오게 한다. "하나님의 인자하심이 너를 인도하여 회개하게 하신다"(롬 2:4). 회개는 하나님의 선하심을 본 결과로 일어난다. 그 상황 속에 회개가 필요하다는 말이 아니다. 하나님께로 돌아가는 것은 하나님의 인자하심에서 나온다는 것이다. 우리 가정에 실망이나 상실이 있을 때 그것을 항상 명심해야 한다. 우리의 언어나 대화 속에, 우리가 말하는 방식에, 우리가 하나님께 대한 신앙고백을 할 때 그것을 지켜야 한다. 우리는 합리적으로 보이려고 애쓰지 말아야 한다. 그러다보면 문제에 대하여 어리석은 대답을 지어내게 된다. 지적으로 보이려고 애쓰기 때문이다. 때로 우리가 할 수 있는 가장 좋은 것은 조용히 있거나, 이렇게 말하는 것이다. "나도 모르겠어. 그러나 하나님이 이

상황을 전환시키실 수 있다는 것을 나는 알아."

회개는 하나님의 선하심을 본 결과로 일어난다.

상실의 고통을 당한 사람이 아픈 곳은 머리가 아니다. 머릿속에 질문이 많을 수 있겠지만, 그들이 아픈 곳은 무엇보다도 마음이다. 그런 상황 속에서 우리가 줄 수 있는 것은 평화다. 친구나 부모를 잃은 어린이가 있다면, 그것은 비극이다. 우리는 밤에 그 아이의 방에 들어가서 천국의 샬롬, 하나님의 평화가 속속들이 스며들도록 기도할 수 있다. 자녀가 깨어있을 때뿐 아니라 자고 있을 때도 사랑의 기도로 그들을 적실 수 있다. 그러면 어린이는 안전한 곳에 있게 된다. 무슨 일이 일어나고 있는지 감당하기 어려운 때일지라도, 하나님과 분리되지 않는다. 오히려 하나님과 함께 헤쳐 나가게 될 것이다. 그것이 중요하다.

제 27 장

당신이 기다리고 있는 기적

| 질문 |

당신에게 기적이 일어나는 것을 막는 것이 무엇인지 어떻게 알 수 있는가?

빌 존슨: 나는 내게 뭐가 막혀있다고 가정하지 않는다. 그런 가정을 하면, 뭐가 잘못인지 마녀 사냥을 하게 되기 때문이다. 내가 뭘 잘못했는지 찾아 헤매게 되기 때문이다. 나는 한때 내가 짓지도 않은 죄를 자백하며 살았던 적이 있었다. 혹시라도 몰라서 뭔가 떠오르면 자백하곤 했었다. 그건 어리석었다. 나는 나

자신에게 너무 초점을 맞추었고 어떤 것을 지나치게 강조했었다. 그러나 핵심은 하나님이 말씀해주셔야 한다는 것이다. 나는 이렇게 기도한다. "주님, 저는 매일 당신의 말씀 안에 거합니다. 저에게 말씀하소서. 만일 제게 문제가 있으면, 성령의 검을 사용하셔서 나의 영혼을 찔러 주소서. 제가 저항하는 부분이 있을지라도, 하나님께서 그것에 대해 제게 말씀하소서. 제게 친구의 책망을 주소서. 제가 말씀을 읽으면서도 보지 못하는 것이 있으면, 사람을 제게 보내주셔서 제게 정직하게 말해주게 하소서. 하나님의 임재는 소멸하는 불이십니다. 내 심령이 변화될 때까지 그 영광이 제게 머무소서." 나는 그렇게 기도한다. 나는 주 앞에 나아가서 나의 문제를 지적해달라고 요청한다. 그래서 내가 문제를 깨닫게 되면 나는 회개할 것이다. 그러나 무작정 나 자신이 뭔가 잘못되어서 돌파가 일어나지 않는 것이라고 가정하는 것은 건강하지 않다. 내가 보기에 그것은 잘못된 출발점이다.

●

하나님의 임재는 소멸하는 불이십니다.
내 심령에 변화가 일어날 때까지 그 영광이 제게 머무소서.

| 질문 |

당신은 내적 성찰(introspection)을 하지 말라고 사람들에게 권한다. 사람들은 자신의 내면에 무슨 일이 일어나고 있는지 알려고 질문한다. "내 문제는 무엇인가? 다른 사람의 문제는 무엇인가?" 그러나 당신은 하나님이 말씀해주실 거라고 말한다.

빌 존슨: 설령 당신이 내적 성찰로 당신의 내면에서 뭘 발견했다고 한들, 그 다음에는 어떻게 할 것인가? 당신은 그것을 고칠 능력이 없다. 그러므로 내적 성찰은 엉뚱한 곳을 살펴보는 것이다. 나는 어떤 사람이 내적 성찰 후에 용기백배하는 것을 본 적이 없다. 아무도 내적 성찰 후에 "와! 나의 내면에서 대단한 걸 발견했어"라고 하지 않는다. 그런데도 우리는 내적 성

찰이라는 트릭에 현혹되어 계속 그렇게 한다.

•

나는 어떤 사람이 내적 성찰 후에 용기백배하는 것을 본 적이 없다.

제 28 장

나를 조롱하는 사람들 사랑하기

| 질문 |

교회 안에서 하나님을 항상 벌주는 분으로 생각하고, 사랑의 아버지가 인도하시고 이끌어주시는 것을 생각하지 않는 것에 대해 당신은 어떻게 직면해왔는가?

빌 존슨: 나는 그것을 바꾸려 하거나 지적해서 고치려고 들지 않는다. 나는 그냥 내가 가르칠 것만 가르친다. 그러면 흘려버리는 사람도 있고, 들을 귀가 있는 사람은 듣는다. 듣고 받아들이는 사람은 변화된다. 한편 반항심이 있는 사람은 한동안 그런 상태를 유지

한다. 그들에게는 하나님이 다른 시즌에 역사하실 것이다. 나는 내가 나서서 변화시키거나 뭔가 증명할 필요를 느끼지 못한다. 우리가 무엇을 가르치느냐가 아니라, 우리가 어떻게 사느냐 하는 것이 핵심이다. 즉 우리는 집회에서 무엇을 하는가? 같은 도시의 다른 교회들을 위해 어떻게 기도하는가? 우리가 만났고 알고 사랑하는 다른 분파의 리더들에 대해 우리는 어떻게 말하는가? 하나님의 선하신 마음을 나타내는 모범들에 대해 우리는 어떻게 반응하는가? 우리가 따라 살기 원하고 다른 사람들에게 나타내기 원하는 그 마음에 대해 우리가 얼마나 모범이 되었는가가 우리의 가르침의 기반이다. 그러므로 우리는 그런 방향으로 나아가야 한다.

●

**핵심은 우리가 무엇을 가르치느냐가 아니라,
우리가 어떻게 사느냐다.**

나는 누구의 생각을 바꾸려고 하지 않는다. 그건 내

가 할 수 없는 너무 큰 일이다. 나는 다만 메시지를 전할 뿐이다. 하나님이 그것을 크게 사용하신다면 좋다. 만일 하나님이 그것을 작게 제한해 사용하셔도 나는 괜찮다. 나는 다만 하나님이 내게 주신 것을 내가 아는 최선을 다해 할 것이다.

제 29 장

가정 목회

| 질문 |

업무를 완수하는 한편, 어떻게 쉬고 가족과 보내는 시간을 확보하는가? 하나님이 놀랍게 역사하실 때 그 역사에 초점을 맞추면서도 어떻게 사역에서 벗어나서 재충전의 시간을 갖는가?

빌 존슨: 나는 아내와 함께하는 시간을 좋아한다. 내가 퇴근하면 우리는 같이 시간을 보낸다. 우리는 뒤뜰 베란다에 앉아서 아름다운 경치를 보며 함께 식사, 커피, 차 등등을 즐기곤 한다. 그런 시간을 계획해야 한

다. 물론 우리의 삶이 풀가동 중이긴 하지만, 우리의 시간을 어떻게 써야 한다고 누가 지시하는 것은 아니다. 우리 모두의 삶에 "너는 하루 24시간, 일주일 내내 일해야 해. 너는 사생활이 없어"라고 할 만큼 강력한 사람은 없다. 그러므로 나는 내게 중요한 것을 위해 싸워야 하고, 나에게는 가정이 내가 목회하는 첫 번째 교회다. 만일 내가 그 "교회"를 잘 목회하지 못한다면, 다른 교회를 목회할 자격이 없다. 우리는 자녀들, 손자손녀들과의 시간도 계획한다. 함께 식사를 하거나, 하루를 같이 보내거나, 1년 반을 같이 보낼 수도 있다. 나는 지난여름에 대가족을 이끌고 하와이로 휴가를 다녀왔다. 계획하라. 가정은 중요하므로 당신의 돈, 시간, 생각, 정서를 투자해야 한다.

●

**나에게는 가정이 첫 번째 교회다.
만일 내가 그 "교회"를 잘 목회하지 못한다면,
다른 교회를 목회할 자격이 없다.**

제 30 장

빌 존슨이 추천하는 다섯 권의 책

| 질문 |

당신의 삶과 사역에 가장 큰 영향을 미친 다섯 권의 책은 무엇인가?

빌존슨: 존 G 레이크스의 책들 전반이다. 그 중에서도, 그의 《삶과 모험, Life and Adventure》은 내게 큰 영향을 미쳤다. 나는 그 책을 다시 읽고 싶다. 20년 전에 읽었지만, 정말 명저다. 릭 조이너가 쓴 여러 권의 책들도 내게 정말로 영향을 미쳤다. 《하나님의 강

한 능력으로 역사하기, The Surpassing Greatness of His Power》가 내게 큰 영향을 미쳤다. 또한 그의 《빛과 어둠의 영적 전쟁, Final Quest》시리즈도 정말로 내게 큰 영향을 미쳤다. 좋은 책들이 많아서, 나의 서재에 가서 책꽂이를 봐야 한다. 40년 전에 내 삶에 변화를 일으키기 시작한 책은 워치만 니의 《정상적인 그리스도인의 생활, The Normal Christian Life》이다. 나는 그 책을 읽으며 "이런 게 정말 성경에 있었어?"라고 생각했다. 그리고 그것은 나를 하나님의 말씀에 대해 갈급하게 했다. 다른 사람들의 책이 아니라, 하나님의 말씀에 대해 나를 갈급하게 했고, 내게 정말로 큰 영향을 미쳤다. 찰스 프라이스의 《진짜 믿음, The Real Faith》은 고전이다. 로버츠 리어든의 《치유사역의 거장들: 왜 그들은 성공할 수 있었고 또 어떤 이들은 실패하였는가, God's Generals》는 나를 뒤흔들었다. 나는 그 책을 처음 읽고 나서 벧엘 교회 가족에게 말했다. "이건 필독서예요. 꼭 읽으세요."

| 질문 |

당신이 삶에서 따르는 3가지 원칙은?

빌 존슨: 그건 하나님을 사랑하고, 가족을 잘 사랑하고, 사람들을 사랑하는 것이다. 하나님의 인도, 방향, 능력을 받아서 잘 사랑하는 것이다. 그건 복잡하지 않다. 삶에 복잡한 것이 많지만, 사랑은 그렇지 않다. 그건 희생하고 베푸는 것이다.

제 31 장

믿지 않는 자녀를 위해 기도하기

| 질문 |

기독교 가정에서 자랐으나 성인이 되어 다른 길을 선택한 자녀를 위해 인내하며 기도하는 부모들에게 해줄 조언은?

빌 존슨: 물론 우리는 자녀를 통제하지 못한다. 자녀를 위한 비전이나 부담을 부모가 선택하여 자녀를 조종하려 하지 말아야 한다. 그것은 건강하지 않다. 우리가 해야 할 건 기회가 있을 때마다 자녀들의 삶에 대한 하나님의 뜻을 선포하는 것이다. 그러나 우리가

통제하는 식이 아니라, 다만 하나님의 뜻을 우리가 확증하는 것이다.

•

"주께서 집마다 한 어린양이라는 기준을 정하셨습니다."

나의 한 지인이 몇 년 전에 성만찬에 참여하고 있었다. 그것은 그 부부의 아들이 부모를 욕한 사건이 있은 후였다. 거의 폭력에 가깝게 아들이 부모를 거부했던 것이다. 그 일이 있고 난 후, 그 부부가 교회에서 성만찬을 하며 주 앞에서 잔을 들었다. "성경은 '각 가족대로 그 식구를 위하여 어린 양을 취하되'(출 12:3)라고 말씀합니다. 저희가 이 잔을 주 앞에서 듭니다. 주께서 집마다 한 어린양이라는 기준을 정하셨습니다. 즉 나의 집의 모든 사람은 주의 은혜 아래 살게 되어 있습니다. 그 말씀을 의지하여 주께 간구합니다. 주의 피의 능력이 나의 자녀들의 삶에 영향을 미칠 것을 선포합니다." 우리는 자녀를 위해 기도할 때마다 그들의 이름을 하나님 앞에서 아뢰어야 한다. 걱정이나 두려움 때문이 아니라, 하나님이 하신 말씀에 근거해서다. 우리는 성만찬에 참여해야 한다. 그 부부가 그 주일에 그렇게 했었다. 그 부부는 아들의 소식을 오랫동안 못 들었었고, 마지막으로 아들을 보았을 때는 아들이 그들을 욕하고 조롱했었다. 그러나 그날 부부가 집에 돌아갔을 때, 아들에게서 전화가 왔고, 아들은 사과하고 회개했다. 그 성만찬 때 뭔가 역사가 일어나서 아들이 마음을 바꾸고 진정한 회개를 했던 것이다.

창조적으로 기도하고 창조적으로 하나님의 약속을 선포할 방법을 찾으라. 하나님의 약속은 사람들의 저항보다 강하다. 그것은 어떤 상황에서도 역사하실 수 있는 하나님의 능력에 닻을 내리는 것이다.

**창조적으로 기도하고
창조적으로 하나님의 약속을 선포할 방법을 찾으라.**

제 32 장

하나님의 임재 모시기

| 질문 |

우리가 어디 가든지 가는 곳마다 하나님의 임재를 모시려면 어떻게 해야 하나? 어떻게 우리 마음을 천국에 정렬하여 모든 사람에게 하나님의 선하심을 나눌 수 있는가?

빌 존슨: 솔직히 말해서 그것은 사랑의 문제다. 하나님에 대한 사랑을 마음에 품고 하나님을 인식하며 살라. 어떤 일의 돌파를 위해서가 아니다. 내가 하나님을 사랑한다는 게 전부다. 그 결과로 뭔가 좋은 일이 일어나면 좋다. 그렇지 않고, 그냥 나의 가장 좋은 친

구인 하나님과 하루를 살아가는 것이라면, 그것도 너무나 좋다. 일 중심으로 하지 말라. 하나님과의 관계 중심으로 하고 하나님의 뜻대로 결과가 나타나게 허락하라.

내가 하나님을 사랑한다는 게 전부다.

예수님은 물 세례를 받으셨다. 그러고 나서 예수님이 물에서 나오시자 요한이 말했다. "내가 보매 성령이 비둘기 같이 하늘로부터 내려와서 그의 위에 머물렀더라"(요 1:32). 그래서 예수님은 평생 어디 가시든지 성령 비둘기를 놀래키지 않으셨다. 비둘기는 잘 놀라는 동물이다. 예수님은 함께 거하시는 성령의 임재를 거스르지 않는 삶을 사셨다. 만일 당신의 어깨에 그 비둘기가 앉아 있다면, 당신은 집안에서 어떻게 걸어다니겠는가? 한 걸음, 한 걸음마다 비둘기를 의식할 것이다. 매순간 성령의 임재를 보호하고 싶을 것이다. 그러나 그것은 성령이 당신을 버리실까봐 두려워서가 아니다. 두려움 때문이 아니다. 성령을 존중하기 위해서다. 성령이 소중하기 때문이다. 성령을 사랑하기 때문이다. 나는 그렇게 본다.

하나님의 임재 모시기에 대한 더 많은 정보는 빌 존슨 저,《하나님의 임재 모시기, Hosting the Presence》를 보라.

제 33 장

마침 기도

빌 존슨: 우리가 원하는 것은 오직 예수님의 이름이 온 땅 위에 높아지는 것입니다. 우리는 그것을 간절히 열망합니다. 모라비아파 교인들이 기도했듯이, 우리는 어린양이 고난의 보상을 받으시기를 원합니다. 우리는 그가 온전히 영광 받으시도록 열방이 그에게로 돌아오기를 원합니다. 우리는 하나님의 선하심의 소식이 열방을 돌아오게 할 것이라는 약속을 기억합니다. 하나님을 아는 지혜와 계시의 영을 우리에게 부으소서. 깊고 심오하여 흔들리지 않는 진리를 우리에게 계시하소서. 그것은 당신의 선하심에 대한 진리입

니다. 그 진리를 우리 안에 깊이 확립해주셔서 우리가 문제에 부닥칠지라도 그 진리에 따라 반응하게 하소서. 그 영향력이 너무나 심오하여 하나님의 인자하심과 선하심에 근거한 계시, 통찰, 행동이 우리를 통해 흘러가소서. 이것을 기도하오니, 예수님이 영원히 높임과 찬양을 받으소서.

●

**우리가 원하는 것은
오직 예수님의 이름이 온 땅 위에 높아지는 것입니다.**

저희가 전염성 있는 사람들이 되게 하여 주시기를 부르짖어 간구하나이다. 저희가 하나님의 선하심에 대한 확신으로 충만하여 사람들이 저희에게서 그것을 보게 하소서. 그래서 사람들이 이 하늘의 질병에 감염되게 하소서. 당신이 어떤 분이신지 확신하며 살게 하소서. 주여, 교회가 당신의 선하심을 보는 관점이 변화되게 하소서. 그래서 당신이 얼마나 선하신지 세상이 정말로 알게 하소서. 이것을 간구하오니, 예수님이 온 땅 위에 높아지소서. 아멘.

•

**당신이 얼마나 선하신지
세상이 정말로 알게 하소서.**

하나님은 선하시다

발행일 2018년 1월 8일 1판 1쇄

지은이 빌 존슨
옮긴이 김주성
펴낸이 김혜자

다윗의장막
서울시 강남구 역삼로98길 28
전화 02-3452-0442 팩스 02-6910-0432
www.ydfc.com
www.tofdavid.com

ISBN 978-89-92358-68-2 (02230)

잘못된 책은 바꿔 드립니다.

다윗의장막 미디어는 영적 부흥과 영혼의 추수를 위해 도서, 음반, 음원, 영상물의 매체를 통해 하나님 나라가 가정, 사업, 정부, 교육, 미디어, 예술, 교회로 확장되는 비전으로 나아가고 있습니다.